AF498049

Le Livre

D'ÉCRITVRE & D'ORTOGRAPHE

A PRESENT EN VSAGE

Auec des Instructions tres curieuses & tres vtiles,

Nouuellement mises en lumiere, en faueur du Public;

PAR

Nicolas Du Val

Secretaire Ordinaire de la Chambre du Roy, & M.ᵉ Escriuain

Juré à Paris, Expert pour les Verifications d'Escritures.

Le Liure se Vend chez L'Autheur demeurant vis a vis le grand Portail de S.ᵗ Eustache.

Auec Priuilege du Roy.

AVERTISSEMENT AV LECTEVR.

AYANT mis au jour depuis peu, un grand Livre de toutes sortes d'Ecritures de Finance & d'Italienne bâtarde des plus à la mode, avec des instructions & des plus rares secrets de l'Art, à qui plusieurs Personnes capables ont donné leur approbation; J'ay crû ne devoir pas craindre de faire voir encore le jour à celuy-cy (que j'estime quoy que plus petit) du moins aussi utile que l'autre, pour les personnes qui sont peu avancez en l'art d'Ecriture & dans l'Ortographe. D'ailleurs comme j'ay reconnu le grand progrez qu'ont fait mes Ecoliers à copier un petit Recueil que j'avois fait des principaux mots de nôtre Langue Françoise, le-quel a esté approuvé par des Sçavans qui m'ont conseillé de le faire imprimer, & d'en faire participant le Public; J'ay mis tous ces mots par ordre de l'Alphabet, afin que l'on puisse trouver plus facilement ceux dont on aura besoin. Ie croy en avoir tres peu laissé de ceux que j'ay jugé les plus necessaires, outre qu'on pourra facilement connoître par ceux de mon Abregé comme les autres se doivent écrire, en y augmentant ou en diminuant quel-ques lettres. J'aurois bien pû grossir ce travail; mais il y auroit eu trop de confusion & de repetitions en-nuyeuses & presque semblables: On y trouvera aussi à la fin quelques mots qui sont au plurier, & d'autres au sin-gulier, qui feront connoître en les voyant icy, comme il les faut écrire pour estre correctement, quand on parle d'une ou de plusieurs personnes; avec quelques Lettres sur plu-sieurs sujets qui faciliteront le moyen d'apprendre à trans-crire un long discours de suite. Ceux qui desireront se perfectionner en peu de temps par cette Methode, doivent copier ce Recueil du moins deux ou trois fois depuis le commencement jusqu'à la fin, & particulierement les mots qu'on trouve les plus difficiles à l'Ortographe, qui sont ceux du plurier. I'y en ay retranché quantité de ceux que j'ay trouvez moins necessaires, parce qu'on trouvera des regles pour les écrire dans la petite Table de la Conju-gaison que j'en donne à la fin.

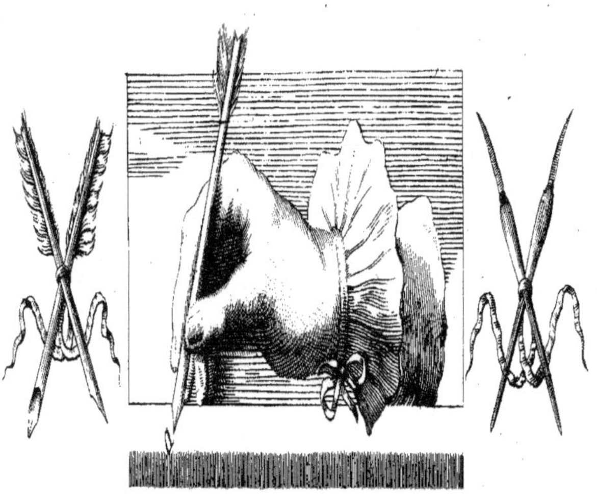

ON connoistra facilement par la figure cy-dessus representée avec le plus d'exactitude qu'il m'a esté possible, comme il faut tenir la Plume pour bien écrire, & avec quels doigts; comme ils ne doivent pas estre trop étendus ny trop serrez, & comme ils doivent estre portez en arrondissant, de sorte que toutes les jointures paroissent en dehors. On peut voir aussi comme le poignet doit estre un peu élevé de dessus le papier, & le bras posé près du coude. Celuy qui veut écrire avec liberté, ne doit pas trop presser sa Plume entre ses doigts, ny la trop appuyer en écrivant; ce qui ne produiroit pas une écriture nette.

Comme il faut choisir la Plume.

Ie choisis des Plumes secondes, qui ne soient ny molles ny grasses; mais un peu rondes, ou bien je me sers de celles qu'on nomme bouts d'ailes, parce qu'elles se fendent plus net, & qu'elles sont plus fermes, les prenant de l'aile gauche de l'oiseau.

La Methode de tailler bien la Plume, tant en Compte, qu'en Italienne, Bâtarde, Minutes & lettres Capitales.

Il faut commencer de la couper par le bout du côté du ventre, & en faire autant sur le dos, puis avec le ganif y faire une petite ouverture du côté du dos, & en après y mettre le manche du ganif pour la faire fendre davantage & plus net : ensuite de ce, il faut faire le grand tail, c'est à dire la découvrir environ trois ou quatre fois en long de sa grosseur sur ledit ventre, & en après vuider les carnes, & les laisser de longueur de la grosseur du tuyau, & d'autant de fente, pour écrire doucement ; Mais ceux qui desirent écrire vite, ou en minute, la fendront encore d'une moitié davantage, & tiendront son bec plus long, afin que l'encre coule mieux. Il faut remarquer sur tout qu'il est besoin de tenir le côté du pouce de moitié plus gros que celuy des doigts, lequel doit estre au contraire plus menu & plus court; parce qu'en écrivant il faut pancher la plume vers ledit côté du pouce, & ainsi il appuye davantage sur le papier, &

fait aussi les liaisons du mesme coin. Si en un besoin je n'avois qu'une plume molle, il me la faudroit moins fendre, & faire le bec plus court, afin qu'elle pût mieux resister pour m'en servir.

La plume à faire des traits ou des grandes lettres *Capitales* doit estre plus fenduë de moitié que celle de *Finance*, & son bec plus long sans la vuider tant, ny la découvrir par dessus, afin d'estre plus forte, & de tenir plus d'encre: Il faut qu'elle trempe toujours dans le cornet.

Comme il se faut tenir pour bien écrire.

Il faut tenir sa teste & son corps droit, sans se baisser beaucoup, comme la plûpart font, qui est une tres méchante habitude, attendu que ceux qui se baissent ainsi, s'appuyent quelquefois sur le bras mesme duquel ils écrivent; ce qui leur oste la liberté qu'ils auroient d'écrire habillement. Le papier doit estre tenu droit devant soy, en sorte que le bord de la marge du papier ne doit pas passer le milieu du corps, je suppose qu'il soit plié, & que ce soit la page qu'on écrit. Si c'estoit des grandes feüilles de papier deployées en long ou sur des peaux de parchemin pour écrire des *Patentes*, il faudroit de necessité reculer peu à peu le parchemin, à mesure que l'on écrit de droit à gauche, à cause de sa trop grande largeur; ainsi en faut il faire quand c'est du grand papier, & que les lignes sont longues. Il est bon d'appuyer le bout des doigts de la main gauche dessus le papier, afin de l'empêcher de remuer en écrivant, ou avec la pointe du ganif. Le bras qui écrit, doit estre éloigné de trois ou quatre doigts de son costé droit, afin qu'il ne soit pas contraint en écrivant; & pour le bras gauche, il doit estre de moi-

tié plus éloigné de son côté, à raison qu'on doit s'appuyer un peu dessus pour tenir son corps plus ferme.

Voicy quelques regles requises pour la bonté de l'Ecriture.

Il faut former les lettres également, les bien lier, les bien ranger & proportionner dans la vraye & naturelle situation des effets de la plume, & donner les distances convenables à faire quadrer les lignes & les pages dans un bel ordre, à bien placer chaque lettre à son lieu, selon qu'elle est *Capitale*, ou *Majuscule, Initiale, Medienne* ou *Finale*, & qu'elle se puisse faire diligemment & facilement avec fermeté de jambage, delicatesse des liaisons, & hardiesse de main pour les *Capitales*. L'espace d'une ligne à l'autre de l'Ecriture de *Finance* doit avoir environ quarre fois la hauteur du corps de la lettre: Pour la *Minute* & la *Compte*, il y en faut bien cinq fois, à cause des testes & des queües qui passent dessus & dessous le corps de la lettre: Pour la *Batarde formate*, il ne faut laisser de distance d'une ligne à l'autre, que deux fois & demy de son corps, ou trois fois au plus: Et à la *Batarde courante*, il y faut donner trois hauteurs & demie d'une ligne à l'autre, à cause des lettres qui ont testes & queües, pour éviter l'embaras.

Il y a trois sortes de mouvemens necessaires pour bien écrit, sçavoir le petit qui est celuy du bout des doigts, pour faire le petit corps de la lettre; le second qui est du poignet, pour faire les lettres *Majuscules*, & les lettres qui ont les testes & les queües qui passent dessus & dessous les lignes, le troisieme est celuy du bras entier, qui sert à faire les grandes lettres *Capitales* & les traits.

METHODE FACILE

POVR APPRENDRE A ECRIRE TOVTES SORTES DE MOTS LES PLVS

Necessaires, lesquels sont par ordre de l'Alphabet, pour les trouver plus facilement au besoin: Et ceux qui desireront faire un grand progrés pour l'Ortographe, les écriront tous, deux ou trois fois.

AB	AC	AD	AG	AL	AM	AN	AP
ABbaire	accourcir	adopté	aggrandir	aller allées	amortie	antecedent	apprentissage
Abbaye	accoutumer	adoption	aggresseur	Allemagne	amortissement	antidater	apprentif
Abbaissez vous	accommoder	Adrian	agitation	Alemand	amant	antimoine	apprest
Abbé, Abbesse	accompagner	adversité	agneau	alliance	amphiteatre	antiquité	apprester
Abbeville	accomplissemët	advisé	agonisant	allonger	amplifier	Antoine	appreciation
Abbregé	accroistre	Advocat	agnus	allumer	amplement	Anvers	appretié
abbreviation	accueil	aduancement	agreable	Almanach	amplification	Aoust	apprivoiser
abbreuver	accuser	adviser	agréer	allouëtte	Amsterdam	apertement	approbation
abandonner	achalander	adveu	agrément	Alphabeth	amuser	Apocalypse	approfondir
abolition	achever	advoüant	aguerry	Alsace	Amiens	Apologie	approprier
abolissement	acheter	affaires	ah!	alteré	an année	apoplexie	approuver
abondance	acquerir	affable	aide	alternatif	anatomie	Apostre	appuyé appuy
Abraham	acquest	affecter	aigu	alternativemët	andoüille	apostume	appuyer
abricotier	acquiescer	affection	aiguille	amassé	aneantissement	Apoticaire	Arabie
absence	acte	affectionné	aiguiser	Ambassadeur	anneau	appas	aragnée
absous	acquisition	affectueusement	ailleurs	ambition	Angelique	appaiser	Arragon
absolution	acquitter	affermer	aimer	ambitieux	Angers	appareiller	arbaleste
abstinence	action	afficher	aimable	Ambroise	Angevin	apparence	arbitrage
abuser	actuellement	affirmatif	aimons	amende	Angleterre	appeller	arbre arc
accepter	addition	affliction	airain, air	amenerez	Angoulesme	apperceu	Arcenal
accés	additionnez	affligeant	ais, aise	Amerique	angoisse	appercevoir	Archer
accident	adoucir	affluence	Alançon	amiable	anguille	appert	Archidiacre
accord	adoucissant	affranchy	alleguer	amitié	animosité	applaudir	Architecte
accorder	Adam	affronteur	alignement	amitiez	anniversaire	application	Ardoise
accoucher	administration	Agathe	aliener	amoindrir	annales	appointé	argent
accouplement	admonition	aage, âgé	alienee	amollir	annuel	apprehender	Arithmetique
	admettre	agenoüiller	allé, allée	amolissement	annoncer	apprendre	Arithmeticien

B

AR	AS	AT	AV	BA	BE	BI	BO
armoires	assiduëment	attester	Avril	banc	batardeau	bijarrerie	bonnets
armoiries	assieger	attifer	aussi tost	bans	bâtiment	billard	bonnetier
armé armez	assiegeants	attirail	austerité	bandeau	bastion	billet	bord bordé
armurier	assignation	attirer	autant	bandage	bâtir	billonner	bordages
Arpenteur	assigner	attraits	Autheur	bandoliere	bataille	billot	bordures
arquebuse	assisté	attraction	autentique	banlieuë	bataillon	bisayeul	Bordeaux
arracher	assistance	attraper	austruche	bannissement	battre	biscuit bisexte	bordereau
Arras	associé	attribuer	autrement	banquet	bateau	Blanc blanc	bosse bossuë
Arrest	association	attrition	autruy	Banquier	baudrier	blanchâtre	botté botter
arrester	assommé	avaller	Auvergne	banque	Bearn	blancheur	bouche
arriere-ban	assortir	avance	Auxerre	Baptesme	beatifié	blanchir	boucherie
arriere-fief	assoupissement	Avranche	azur	baptisé	beau	blanchisseuse	Boucher
arriver	assujettir	avantage		baptistere	beaux	blanc signé	boucle
arrogance	asteint	avantageux		Baptiste	beaucoup	blason	bouclier
arrouser	astrologie	avant-hyer	BA	Barbarie	beau pere	blanque	boüe boüeux
Art arts	Astrologue	avaricieux	Bail	Barbe	beauté	blasphemer	boufon
artifice	asyle	Auguste	baailler	Barthelemy	beauvoisin	bled blets	bougie
artificielle	Athée	Alexandre	babiller	barbeau	beccasse	blême	bougette
artichaut	Athenes	André	Bachelier	Barbier	begueyer	blesser	boüillir
artillerie	atroce	auberge	Bacquet	barboüiller	busche	blessez	boüillie
Ascension	attache	audacieux	badiner	barder	Besançon	blessure	boüilly
ascendant	attacher	audience	bagage	barquigner	besoin	bleu bleuë	Boulanger
asnesse	attaquer	Auditeur	bagne	barque	bestail	Blois bois	boulevert
aspect	atteindre	auditoire	Bahutier	Baronie	bestial	blondin	bouquet
aspirer	atteint	aversion	Baudoüin	barracan	beurre	bluteau	bourbier
asprement	atteler	aveugle	baigner	barrieres	beurré	boccassine	Bourges
assaillir	attelage	augmenter	bain	barreau	beuvette	boëte	Bourgogne
assassin	attenant	augmentation	Baillif	barricades	beuveur	bœuf bœufs	Bourguignon
assassiner	attendre	avidité	baiser	barriques	biais biaiser	boyau	Bourguemestre
assaut	attendu	Avignon	balayer	Basane	biche	boit boire	Bourlier
assemblée	attentat	aujourd'huy	balance	Basilic	bienveillance	boisson	bourrache
assez asseoir	attentif	aulnage	bale	bassin	bizarreau	boisseau	bourrelet
asseurant	attention	aumosne	baleine	bassinoire	bigearre	boiteux	bourse
asseurance	attestation	Aumosnier	balustres	bastard	bigotterie	Bologne	boutefeu

BO

bouteille
boutique
boutons
Brabant
brayer
braise
brancard
branche
braffer
braqué
bravade
brebis
bréche   bref
Bretagne
brevet
Breviaire
breuvage
brigade
brigues
brillant
brique
briser
Broage
brocard
broche
brochet
brodequin
broderie
broyer
bronze
broüiller
bruit
brûler
brûlure

BR

brusquement
Bruxelles
buglose
buisson
beuveur
beuvette

CA

C_A ça
cabale
Cabaretier
Cabinet
cacher
cacheter
Calcedoine
cadave
cadeau
caduque
cage
cachot
cayers
caille
caillou
cajoller
cajolerie
caiffe
Calais
calcul
calculer
Càlendrier
Calice
calme
calomnie

CA

calomnier
calote
Calvaire
camarade
Cambray
Cambresis
camelot
camisole
campagne
campé
Camp
Canarie
canaille
canard
cancer
candide
Candie
canelle
canetille
canevas
Canicule
canons
canonifer
Cantorbery
caparençon
Capitaine
Capitale
capitulation
capituler
caporal
Capoüe
Capadoce
caprice
capricieux

CA

captif
capture
captivité
caquet
caractere
caravanne
carcan
carcaffe
cardes
Cardeur
carderez
Cardinal
Cardinalat
Cardinaux
Caresme
careffe
careffer
carrillon
carnage
Carnaval
Carolus
carote
carpe
carquan
carquois
carrefour
carreler
carousel
carte
carton
casaque
casque
caffé
caffation

CA

caffette
Caftille
cafuel
Catalogne
catechifer
Catherine
Cavalier
Cavalerie
cavale
cavalcade
Caux
cauchois
cave cavé
caver cavez
caverne
cause
caution
cautionner
c'eft ceans
ceder
cedule
cein
ceindre
celebrer
celebration
celeste
cellule
cengler
censeur
censurer
cent 2. cents
centaine
Centenier
centre

CE

cerveau
cercle
cercueil
ceremonie
cerf cerfeüil
cerise
cerifier
cerneaux
certain
certainement
certificat
certifier
cerveille
cerveau
ceffer
ceffion
Chaalons
Chablais
chagrin
chair
Chaircuitier
chaife chaire
chaland
chaleurs
chamarrer
Chambellan
chambre
chameau
Champagne
champeftre
champs
champignon
chanceler
Chancelier

CH

Chancelerie
Changeur
changer
changeant
Chanoine
Chantre
chanterelle
chantier
chanvre
chapeau
Chapellier
Chapelle
Chapellain
chapeleure
Chapelet
chaperon
Chapitre
chacun
charrette
Charbonier
charger
chargeant
charier
charité
Charles
Charlatan
charmé
charmante
charnage
Charpentier
charpenterie
Charretier
Charron
charuë

CH

Chartres
Chaffe-marée
chaffe chaffeur
chaffis
châtaigne
Chaftelet
chafteté
châtier
chafuble
chatoüiller
chatoüilleux
chaud
chauderon
chaufage
chauffer
chauffure
chaux
chef   chaud
cheminée
cheminer
chemife
chenets
cheoir
chercher
cherir
chez eux
chêne
cheval
Chevalier
chevaucher
chevelcu
cheveleure
chevet chenu
cheveux

CH	CI	CO	CO	CO	CO	CO	CO
chevreüil	Cirier	commençal	conception	congé	constellation	convalescente	couchette
chevreau	Cité	commun	conceu	congedier	constituer	Convent	couche
chicane	Citadelle	commettre	concert	congregation	construction	convention	couleur
chicaneur	citroüille	commerce	concevoir	congratuler	Consulaire	conversation	coup
chicanerie	civiere	Commissaire	concierge	conjecture	consultation	converser	coupable
chiche	civil civilité	commission	Conclave	conjoindre	consulter	convier	couper
chicorée	clair clairet	cômissionnaire	conclure	conjonction	contagieux	convoy	couperose
chien	clameur	commode	conclusion	conjointement	contemplation	convoquer	courage
Chirurgie	clarifier	committimus	concordat	conjurer	contempler	convulsion	cour cours
Chirurgien	classe clef	communier	concours	conjuration	content	cooperer	courrier
chœur d'Eglise	clavier clefs	compagnie	concurrence	Connétable	contestation	copier copie	courroux
choisir	Clement	comparaison	concussion	connoistre	continence	corail	courtisan
choix	Clemence	comparoistre	condamner	connoissance	continuer	corbeau	courtoisie
chopine	Clers	compassion	condamnation	Conquerant	continuation	corbeillon	coütume
choüette	Clerc	compatible	condescendre	conqueste	contract	cordeau	couteau
Chrétien	Clergé	compatriotes	condition	Conroyeur	contracter	Cordier	Coutelier
Chrétienté	cloche	compensation	conditionné	consecration	contradiction	Cordonnier	Couturier
Christianisme	cloison	complaire	conducteur	conscience	contradictoire	cordial	couvrir
Chronique	cloture	complaisance	conduire	consecutiuement	contraindre	cornette	cracher
Ciboire	cloüer	complice	conduite	Conseil	contraire	corniche	craindre
cicatrice	Coadjuteur	comploter	confederation	Conseiller	contrarier	corps	crayon craintif
cigogne	cocher	comporter	conference	consequence	contredits	correspondance	cramoisi
Ciel cieux	collier col	composé	confesser	conservation	contrefaire	correspondre	creance
cierge	collusion	composition	confidence	consideration	contrepoids	Correcteur	creancier
ciment	Cologne	comprendre	confirmation	consignation	contravention	corriger	Createur
cimeterre	colombier	comprehensible	confiscation	consigner	contribuer	corrompre	crée créer
cinq	colomne	compromis	confisquer	consolation	contribution	corruption	crème crier
cinquante	colporteur	comptable	confitures	consolateur	contribuables	corselet	crespe
cinquantiéme	combattant	compte	Confrairie	consommez	controoler	Cosmographe	creu creuë
Circoncision	combien	compunction	confrere	consommation	controole	costé coste	creuset
circonstance	Comedie	comptoir	confrontez	conspirateur	contumax	costoyer •	criminel
circonvoisin	Comete	Comte Comté	confrontant	constamment	contusion	costé cotter	Chrysostome
circuit	commander	Comtesse	confrontation	constance	convaincre	cotisé	crocheteur
cire	commençat	conceder	confusion	Constantinople	convaincu	cotisation	crocodille
							croyance

CR	DA	DE	DE	DE	DE	DI	DI
croïance	damnable	dedans dedié	depost	debaucher	depourveu	diffamer	distance
croire croix	Damoiselle	dedommagé	depositaire	decouvrir	depoffeder	different	distillé
croissant	dance dancer	defectueux	delicatesse	decrotoire	deranger	differer	distinction
crosse crouste	dançâmes	defectuosité	delicieux	desenflé	dereglé	difficile	distinguer
cruche	Dannemarck	defendeur	delivrer	deserteur	deraisonnable	difformité	distraction
crucifier	dangereux	defence	delogement	desesperé	derobée	dignité	distribution
Crucifix	Dauphin	definition	deloyauté	desespoir	deroüillée	diligemment	diversifier
crucifieront	Dauphiné	degast	demain	defiant	desseché	diligence	divertissement
cruellement	debatre	degoust	demesler	defiler	dessein	Dimanche	division
cruauté	debilité	degrader	demission	degager	desservir	diminuer	divorce
cristal	debiter	degraisser	debourser	deguerpir	dessous	Diocese	divulguer
cueillir	debonnaire	dehors	debouté	deguiser	dessusdits	direction	dixaine
cueillette	debtes devoir	dejeûné	debroüiller	deshabiller	detaché	diriger	dix-huit
cuillier	debteur	dejeûner	debusquer	desheriter	destituer	discerner	Docteur
cuirace cuire	deub deuë	delabrer	decamper	deshonneste	detourner	discipline	docile
cuisinier	debusquer	delay delayer	descendre	desirer	destruction	discontinuation	doctrine
cuisine	debuter	delaisse	decharge	desister	destruire	discorde	dogue
cuivre	decadence	delecter	dechiffrer	desloger	desunion	discretion	Doyen
curatrice	decapité	deleguer	dechirer	demarier	determiné	discution	doigt
Curé	deceder	demolition	denombrement	demembrer	deterré	disgracié	doleance
curieux	deceds deceu	demonstration	decoudre	demeubler	detestable	disloquer	domaine
curiosité	decevoir	denier	deputer	demesler	devancer	diné	domanial
cuver cuvée	dechet	deniers	derechef	deniaiser	deviner	diner	domestique
Cypres	decider	denigrer	decision	denaturé	devin	disparoir	domicile
Cyrus	declamer	denoncer	dernier	dechiré	devise	dispensation	domination
cy-devant	declarer	denrée	deroger	desobeissant	devorer	disposer	dommageable
	declinaison	dent dens	desabuser	desordonné	deux	disproportion	donc dont
	decoction	depaqueter	desacoutumé	desordre	deuxieme	dissemblable	dorenavant
DA	decoëfer	depeindre	desagreable	desormais	Dieu dieux	dissension	doüaire
D Aigner	decollé	depence	deserter	despartement	Diademe	dissimuler	doubleure
dain dais	decoupé	depeupler	desarmé	depescherent	dialogue	dissiper	douceur
damasquiné	decredité	deplorable	desavantage	deplaire	diamant	dissolution	douloureux
damier	decreté	deportement	desavoüer	deplaisant	diamettre	dissoudre	douzaine
damnation	dedaigner	deposant	debarquement	depoüillé	Dictionnaire	dissuader	douzième

DR

drachme
Drapier
drapeau
dreſſer
drogue
Droguiſte
Duc Duché
Ducheſſe
duel
diſſenterie

EA

E Au eaux
Ebullition
écaille
Eccleſiaſtique
Echanſon
écheveau
éclipſe
écran
Edict
éducation
effacer
effarouché
effectif
effectuer
effigie
effort
effroyable
effronterie
égalité
égratigner
Egliſe

EL

élancé
élargir
Electeur
élection
elephant
élevé
eloquence
email
emaillé
emancipé
embaraſſé
embarquer
embaumer
embelliſſement
emboiture
embraſſe
embroüillé
embuſcade
emeraude
Eminence
emmener
émologué
émolumens
émotion
émouſſe
émouvoir
empaqueter
empeigne
Empereur
empeſcher
empeſer
emphiteoſe
empieter
Empire

EM

emplir
emplaſtre
employer
empoiſonner
emporté
empreint
empreſſement
emprunter
émulation
enceinte
encens
enchainé
enchanteur
enchaſſer
encherir
encuiraſſé
endebté
endoſſer
enduire
endommager
enfant
enfanter
enfoncer
enfourné
enfuyez
engageant
engendré
engourdy
enyvrer
enjoliver
enlever
enluminer
ennemy
ennuyer

EN

enquerir
enqueſter
enregiſtré
enrôlé
enroüillé
enſanglanté
enſeigne
enſevelir
enforcelé
entaillé
entaſſé
entendre
enterré
entierement
entortiller
entourer
entrelacer
entremeſſer
entremets
entreveuë
envenimé
envieux
envoyer
Epigramme
epilogue
epingue
epitaphe
equierre
equipage
equitable
equivocque
erreur
eſbaucher
eſbloüir

ES

eſcabelle
eſcadron
eſcaille
eſcalader
eſcalier
eſcarlate
eſchafaud
eſchalas
eſchancré
eſchange
eſchanſon
eſchappé
eſchauffé
eſchets
eſcheveau
Eſchevin
eſchinée
eſchequier
eſchouer
eſclaircir
eſclairé
eſclanche
eſclater
eſcolier
eſcouade
eſcrire
eſcuyer
eſcu
éloigner
eſpace
Eſpagnol
eſpalier
eſpargner
eſpece

ES

eſperance
eſperer
eſperon
eſpice
eſpier
eſpion
eſpouſée
eſquadre
eſquille
eſquiver
eſſay
eſtafier
eſtain
eſtaler
Eſtats
effre
Eſtienne
eſtofer
eſtourdir
eſtrangers
eſtrener
eſtrier
eſtroit
eſtropié
eſtudier
étuves
éiuy
évanouy
éveillé
éventail
evacuer
évalué
Evangile
Eveſché

EV

Eveſque
evidemment
evincé
evocation
Europe
eux
exactement
exaggerer
exalter
examen
examiner
exaucer
exceler
excellence
exceder
excepter
exceſſivement
exceſſif
excés
excuſer
execution
exemple
exempter
exempt
exercer
exercice
exercant
exhibition
exhortation
exiger
exilé
expedier
expedition
expedient

EX

experience
experimenté
expirer
expert
expliquer
explication
exploit
expoſé
expoſition
expreſſement
exprimé
expulſer
exquis
extaſe
exterieur
extorſion
extraction
extraire
extrait
extraordinaire
extravagance
extravaguer
extréme
extremité

FA

F Abrique
facecieux
face
facilement
façon
façonner
faction faillir

FA	FE	FO	FR	GA	GR	HA	HE
faineant	feüillet	forcené	friture	gausser	grasse	guirlande	heraut
faisant	feüillette	forest	froid	gazette	grasset	Guise	herbe
faisceau	Fevrier	forfaiture	froidure	gazoüiller	gratifier	Guyenne	herbiere
faiste d'vne	Fiancé	forgeur	funeste	Geant	gratuit		heresie
maison	fiançailles	formaliser	fureur	gelee	Graveur	HA	herisson
fait faits	ficher	fornication	furieuse	gemissement	gravier		heriter
falloit	fierement	fortification	fuseau	gencive	Grec Grece	HAbile	heritier
falsifié	fievre	fourvoyé	fustaye	gendarmerie	Greffe	habilement	hermitage
fameux	fievreux	fossez fossoyer	fustigé	genealogie	Greffier	habillé	heroique
famille	figuier	foudroyer		generation	gresler	habits	hesiter
fantaisie	fils, fille	foüetter	GA	genereux	Grenade	habitable	heure heur
fardeau	finances	foüiller		genoüil	Grenadier	habitation	heureux
faché	fisselle	fourchette	Gabriel	gentillesse	grenier	habitué	hideux
fâcherie	flageolet	fourgon	gabeler	Gentilhomme	Grenoüille	hacher	Hierosme
facheux	Flamand	fourmage	gage	geolier	grief	haillon	hipocras
faucheur	flambeau	fourreau	gageure	glebe	griller	haine	histoire
fauconneau	fleau	fourreur	gayeté	Germain	grimace	halebarde	Historiographe
faux	fleche	fourrier	gaigner	gibier	grisastre	haïr halaine	hiverner
faussaire	flegmatique	fraction	gain gains	glissant	grison	hameçon	hochet
fausseté	fleur	frayeur	gailliard	glissoire	Grive	haquenée	hoirs
fausses	fleurir	François	galand	glorieux	grosse	harang	Holande
feal	fleuve	franchise	galere	glorifier	grossesse	harangue	homicide
febve feve	flute	frauduleux	galoche	golfe	grossoyer	harasse	homme
feindre	flux	fregate	galop	gommé	grossoyant	hardiesse	hommage
femelle	fluxion	frenetique	gamache	gouffre	Gruërie	hardiment	homologuer
femme	foiblesse	frequentation	ganif	goûter	gueres guerre	hargneux	hongre
feodal	fol	frere	gantier	goutteux	guerison	haridelle	Hongrie
fermier	fomentation	freschement	garantir	gouvernail	guerrier	hazard	honneste
ferraille	foncer à fonds	friandise	garçon	Gouverneur	gueule	hazardeux	honneur
ferveur	fondation	fricassé	gardien	grace	geuser	haußer	honorable
fesse	fondatrice	fripier	garroter	gracieux	guichet	hautaine	honorer
festin	fontaine	friperie	Gascogne	graisse	Guidon	Henry	honteux
feugere	foraine	friponner	gateau	Grammaire	Guide	heaume	horloge
feüillage	forbu	friser	gaucher	grange	Guillaume	hebeté	horloger

HO

horoscope
horreur
hospital
hotesse
hotellerie
houbelon
housser
huche
Huguenot
huile
huissier
huit
huitaine
huitieme
huistre
humain
humanité
humble
humeur
humide
humilité
hyacinthe
hydropique
hydropisie
hymenée
Hymne
hipochôdriaque
hypocrisie
hypoteque

JA

I Aloux
jalousie

JA

jamais
Ianvier
jardinier
jarret
jartiere
jasmin
jaspe
javeline
Iacque
Iacqueline
jaugeur
jaune
jaunisse
icy
idolatre
jetter
jetton
jeu jeux
jeune fille
jeunesse
jeûner
jeûne
Iean
Ieanne
ignominieux
ignorance
illicite
illuminé
illusion
illustre
imaginer
imiter
immense
immeubles

IM

immoler
immondice
immortel
imparfait
impatience
imperceptible
imperfection
imperieux
impetueux
impetuosité
impieté
impitoyable
implorer
imposition
imprecation
impression
Imprimerie
Imprimeur
impudicité
impudique
impugner
impuissance
inaccessible
incarnation
incendie
incertain
incessamment
incident
incision
incité incivil
inclination
incôprehensible
inconnu
inconsiderement

IN

inconsolable
inconstance
incontinent
inconvenient
incroyable
incurable
indamnifer
indecent
indevotion
indicible
Indiens
indifference
indigence
indigné
indignation
indissoluble
indomptable
indubitable
indulgent
industrie
industrieux
ineffable
inegal
infaillible
infamie
infanterie
inferieur
infidelle
infiniment
inflammation
influence
information
ingenieux

IN

ingerer
ingenuëment
ingrediens
inhabitable
inhibition
inhumain
inimitié
iniquité
injurieux
injustice
innocence
innombrable
inondation
inoüy
inquieter
inquisition
insatiable
inscription
inscrire
insensé
insensibilité
insinuation
insipide
inspiration
installer
instamment
instance
instinct
instituer
instruction
instruire
intelligence
intelligible
intemperance

IN

intention
interceder
intercesseur
interesse
interest
interjetté
interieurement
interpellé
interprete
interrogatoire
interroger
interruption
intervalle
intimez
intimider
intimation
intrigue
introduction
introduire
invisible
invocation
invoquer
inutile
joaillier
joly jolie
joyaux
joyeusement
joignant
joindre
jointure
jonchée
Ioseph j'ose
joüer joüet
jourd'huy

JO

joüyssance
joüyssez
jouster
Irlande
irrecuperable
irreconciliable
irremissible
irreparable
irresolution
irrevocable
irrité
isle issuë
Iuge
jugeant
judicieux
Iuillet Iuin
julep
Iulian
jameau
juridique
Iurisconsulte
Iurisdiction
jusques
justesse
justement
justicier
justification

LA

L Abeur
laboureur
labirinte
laisterie

LA

laict laictiere
ladrerie
laid laide
laisarde
laisserez
lambeau
lambrissé
lame de fer
lance lancer
lancette
langage
langue
languissant
langoureux
lapidaire
lapin
laquais lard
lardoire
largesse
largeur
larcin larron
lasser
lascheté
lassitude
lavandier
laurier
Laurent
leçon lecher
lechefrite
lecteur
lecture
leg legs
legataire
legereté

legion

LE	LI	LV	MA	MA	ME	ME	MO
legion	liqueur	lumineux	Mets ville	Marquiſe	melodieux	metairie	moineau
Legiſlateur	liquidation	lunatif	maiſon	Marquiſat	memoire	metoyen	moiſſon
legitime	liquide	Lundy, luxe	maiſtre	Marſeille	menacer	methode	moitié
lendemain	lire	luxurieux	maiſtreſſe	marſouin	mendier	mettre	mol, molleſſe
leopard	liſte, litteron	Luxembourg	maiſtriſer	marteau	meneſtrier	meubles	moluë morné
lepreux	litiere	Lyon, Lyonnois	maladie	maſſepain	menſonge	meurier	monarchie
leſſive	livre	M	maladerie	Martin, martir	menterie	meurtrier	monarque
lettre	livrer		malaiſement	mâche	mentionné	meurtriſſeure	monaſtere
levain	livrées	M Adame	malfaicteur	maſſe	menuiſier	Michel	monceau
lever	livraiſon	Madamoiſelle	malheur	maſque	menuiſerie	miel midy	mondain
levrault	locataire	Madagaſcar	malheureux	maſſacre	mercier	mignardiſe	monition
levrete	logeant	Marguerite	malicieux	maſſif	Mecredy	mignon	monnoye
levrier	logeable	Magdelaine	Malthe	maſſué	Mercurial	mil mille	monnoyeur
liaiſon	logeoient	maçon	malverſation	maſtich	meridional	milice millet	monopole
libelle	loy, loix	machine	mammelle	maſure	merveille	militaire	Monſieur
libraire	loier loial	magaſin	manchette	materiaux	merveilleux	millier	Monſeigneur
librairie	loiſible	magiſtrat	mangeaille	mathematique	méchant	million	monſtreux
licence	loiſir	magnanime	maniable	mathematicien	méchanceté	milliace	montagne
licentier	loing	magnificence	maniement	matrimonial	méconnoiſſant	milliade	Montauban
lier, lié	longueur	magnifiquemēt	manifeſte	Maurice	mécreance	mineral	mocquerie
lieux lieuës	Lorraine	majeſté	manteau	Mauſolée	médiſante	miniſtre	mocqueur
20. lieuës	loüable	majeſtueux	mareſcageux	mauvais	mélange	minuit	morceau
lieutenant	loüange	majeur	maquignon	maximes	mêler	miracle	mortellement
lieutenance	loüer	maigreur	marais	Maximilian	meſmement	miraculeux	mortification
lignager	loüis loüiſe	mail, maille	marchand	Mayence	ménager	mithridat	mortifie
lignée	louve, loup	main, mains	Marc, mare	mechanique	mépriſer	modelle	mortuaire
lignes, lignage	Louvre	maintenant	maréchal	méchanſeté	meſquinerie	moderne	Moſcovites
limaçon	lubricité	maintiendrez	marié	medaille	meſſagerie	modeſte	motif
limbes	lucrative	maintenuë	Marie	meditation	meſſier, métier	modeſtie	mouſquet
lineament	lucratif	maire, mairie	marguilier	méfiance	Meſſieurs	moëlle	mouſquetaire
lingere	luite	de Ville	marinier	megiſſier	Meſſire	moiennant	mouſqueton
lingerie	lumiere	mais, mes, mets	marjoleine	meilleur	meſure	moiens	mouſtache
lionne	luminaire	viande	Marquis	melancholique	métail	moindre	mouvement

MV

maguets
maletiere
multiplier
multiplication
munitions
muse
musicien
musique
mutinerie
mutuellement
myrrhe

N Abuchodo-

NA
nosor
natelle
nager
naifveté
nain naifve
naissance
naistre nai
nat.tissement
Naples
narration
nasquit
nativité
naturalisé
naturalité
naturellement
Navarre
naufrage
navigable
neanimoins
necessaire

NE

necessité
necessiteux
negocier
negligence
negligent
negligemment
negociation
nerf
netteté
nettoyer
nœud neuf
neveu
neuvieme
neutre
Nicaise
niaiser
nid d'oiseau
niveau
noblesse
Noël
noircir
noisette
nommer
nombril
nombreuse
nomination
nonchalance
nonobstant
Normandie
notaire
Novembre
noviciat
nourrir
nourriture

NO

nourrisson
nourrisse
nouveauté
nouveaux
nouvellement
nouvelles
noye noyez
nuptial
nuée
nuage
nuit nuire
nuisant
nuisible
nuisamment
nuitée
nullité

O Beir

OB
obeissance
objet
obligation
obligeant
obligeoient
observation
obseques
obstination
occasion
Occident
occupé
occupation
occurrence
Octobre
octroyez

OO

octroyons
odieux
odoriferant
œil
œillade
œillet
œillets
œuf œufs
offense
offencer
offençant
offertoire
office
officier
offrande
offert
offusqué
oignon
oignement
oiseau
oiseaux
oiselerie
oisiveté
olivier
Olympiade
oncle
onction
ondoyez
onglée
onguent
onzieme
operation
opiniastre
opinion

OP

opportunité
opposé
opposition
opprimer
oppression
oracle
oraison
oratoire
orangerie
ordinaire
ordonnance
orfevre
orfevrerie
organiste
orgues
orgueil
orgueilleux
oriental
originaire
Orleans
oser
oseille
oster
ossemens
oster ôté
otage
oublier
oblieray
oublieux
oüy oüye
outrance
ouvrage
ouvrier
ouvrir

PA

P Acifier
pacifique
paste page
paié paier
patable
paiement
paieur
paieroient
paiez
paierez paions
paiant
paillard
paille
pain pains
païs
païsage
païsant
paisible
paisiblement
palefrenier
Palestine
pallissade
paneterie
panonceau
pantoufle
papier
papetier
papeguay
papillon
paquet
paquets
parachever
paradoxe

PA

paraphe
paralelle
paralytique
parangon
paraphrase
parcelle
parchemin
parcheminier
parcourir
pardonner
pareil
pareille
parfaite
parfaitement
parfum
parfumeur
parisiens
parjure
parlement
paroistre
paroisse
paroissiens
parole
parquet
parricide
parrien
participation
particulieremét
parties
parvis
Pasques
passable
passade
passage

PA

passer
passement
passementier
passeport
passetemps
passions
passionné
passé
pasteur
pasturage
patissier
patisserie
patience
patiemment
patientez
patrimoine
patrimonial
pavillon
pauvre
pauvrement
pauvreté
peage
peaux
peché
pecheresse
pecunieux
peigner
peigné
peindrez
peintre,
peinture
pelerin
pelican
pelletier

PE	PE	PI	PO	PO	PR	PR	PR
pendant	perspective	pincer	pochette	populaire	poussiere	presence	proceder
penitence	persuader	pinçoient	poële	porc port	pratique	presenter	procedures
penser	persuasion	pinçon	poësie	porcelaine	praticien	presentation	procés
pensons	pertuisane	pionnier	poëtique	porche	pratiquer	preservatif	prose
pensionnaires	perturbateur	piqué	poëte	porreau	prealable	President	procession
pepiniere	pescherie	piteux	poids	porphire	precaution	Presidial	prochainement
perçant	pestilence	pitié	poignard	porte feüille	precepte	presomption	proclamation
perche	petitesse	placer	poignée	portiere	precepteur	pressé	procuration
perdition	phantasque	plaidoyer	poil	portion	precieux	pressoir	prodigalité
perdre	phantaisie	plaider	poing	Portugais	precipice	prestance	prodigue
perdreau	Philippe	plaide	poinson	position	precipitation	prestre	prodigieux
perdris	philosophe	plaidi	poirier	posseder	précipité	presupposé	production
perfection	philosophie	playe	poiré	possession	precisement	presumer	produire
perfectionné	phlegmatique	plain	poires	possesseur	predecesseur	pretention	prononcer
perfidie	phrase	plaindre	poison	possible	predestination	pretexte	professeur
perilleux	physionomie	plaine	poisson	possibilité	prediction	prevaloir	profession
perissable	physionomiste	plaisant	poissonnerie	postillon	preeminence	prevarication	profitable
permanent	Phisique	Plaisance	Poictiers	postulant	preface	preud'homme	profond
permettre	Picardie	plaise	Poictou	posture	preference	preud'hommie	profondeur
permission	picorée	plaisir	poitrail	potier	prescrire	prevoyant	progrez
pernicieux	pieces	plantain	poitrine	pouce pouciere	prefix	prevost	promesse
perpendiculaire	pied	plastrier	poivre	poudreux	prejudice	prevosté	promise
perpetuel	Piedmontois	plastier	poivrade	poüiller	prejudiciable	preuve	promotion
perpetuité	Pierre	pleger	poix	poulailler	prejagé	prier	promptement
perplexité	pierreries	pleurer	police	poulete	premier	prieuré	prompt
perquisition	pieté pieux	plisser	politique	poulmon	premierement	prieur	promptitude
perruque	pieusement	plombé	politesse	pourpoint	preoccupé	princesse	prononciation
perruquier	pigeonneau	plombier	Pologne	pourquoy	preparatif	principal	prophetie
persecuter	pigeons	plongeon	Polonnois	pourrir	preposition	principauté	proportionné
persecuteur	pignon	plouvoir	pomme	poursuivy	prerogative	prise priseur	proposition
perseverance	pillage	plumets	pommier	pourveu	presage	prison pris	propreté
perseverer	piller	pluvieux	pompeux	pourvoyant	prescription	prix prise	proprietaire
persister	pilote	plusieurs	pontife	pourvoir	prescrire	prisonnier	prorogation
personnage	pinceau	plutost	Pontoise	pousser	presceance	privilegiez	proscription

PR	PR	QV	RA	RE	RE	RE	RE
prosterner	purifier	quint quinze	rameau	receleur	redemander	reïterer	rencherir
prostituer	putatif	quinziéme	rameur	recepte	redempteur	relayer	renduë
protestation	putrefaction	quitté quittant	ramier	reception	redresser	relais	renierez
Protocole	Pyrénées	quittance	ramonneur	receu receüé	reduction	relâche	renoncer
Provence		quotidien	rançon	receveur	reduire	relation	renonçant
providence	QV	Quentin	rançonneur	recharger	reédifier	reléguer	renouveler
province	Quadran	qu'entre	rangé	rechercher	reel reelle	relevée	renoüer
provincial	quadrer quadre		rangerez	rechigné	reellement	relief	rentier
provision	quadruple	RA	rapide	recidive	refaite	relieure	rentraieur
pruneaux	quay	R Abais	rapiecer	reciproque	refection	relieur	renverse
prunelle	qualifier	rabaisse	rappeller	reconnoistre	referendaire	religion	renvoy
prunier	qualité	rabattre	rapport	reconnoissant	referer	religieux	renvoyer
pseaume	quantieme	rabatuë	rapporteur	recolement	refleurir	religieuse	repaistre
ptisanne	quantité	raboteux	rapporterez	recolte	reformation	reliquaire	reparation
puanteur	quand	racaille	rapportant	recommencer	refrener	reliques	repentance
public	quarante	racourcir	rasoir	recommandé	refroidir	reluisant	repletion
publication	quarantiéme	rachat	raßeßer	recommandatiö	refugié	remarquable	repliquer
publique	quarrer	racheter	rassembler	recompense	refusant	remarque	répondant
publié	quarré	raclé	rasseoir	reconcilier	reziment	remarquer	répondre
pudicité	quarrefour	rceue	ratelier	reconciliation	registre	remboiter	reposer
pudiquement	quart quartier	rafraischir	ratifié	records	regler	rembourser	repousse
pulser	quatorze	ragrandir	ratification	recourir	reglice	remboursant	reprehensible
puisné	quatre	ragaillardir	ratissoire	recouvrer	regner regne	remedier	representation
puissant	quatriéme	raye rayé	ravager	recouvrement	regorgé	remerciement	reprimande
pulveriser	quelquefois	rayerez	ravalement	recreatif	regratier	remercier	republique
ponctuel	quelqu'an	rajeunir	ravaudeur	recreation	regretter	remettre	repudier
punition	quenoüille	raillerie	ravelin	recréer	regulier	remise	repugnance
punissant	querelle	raion	ravissement	recreüé	rehausser	remission	requerir
punirez	querelleux	raisin	rebâtir	recrée	Rheims	remonter	requeste
pupille	question	raison	rebellion	recueil	rejalir	remords	requisition
pureté	queuë	raisonnable	reblanchir	recueillir	rejetté	rempart	rescription
purgation	quiconque	rallumer	reborder	recuser	rejetton	remplacer	reserré
purgatif	quinteux	ramaigrir	reboucher	reddition	reine	remuément	reservé
purger	quintessence	ramasser	rebrousser	redevance	reintegrer	renaistre	reserver

reservoir

RE	RE	RV	SA	SE	SE	SO	SO
reservoir	reverberation	rubis	saoul saouler	secretement	serré serrer	societé	souffrance
residence	reverence	rudesse	sarcele	secretaire	serrurier	sœur	souffrir
resignation	reverend	ruelle	sarpette	seculier	servante	soif	souhait
rejoüy	revers	ruine rainé	Sarrasin	seditieux	serviable	soigneux	souilleure
rejoüissance	reveuë	ruminer	satisfaction	seigneurie	service	soigneusement	soulever
resistance	reünit	rustique	satisfaire	seigneurial	servir	soir soirée	souliers
resolution	revolution		satisfait	sejourné	serviette	soie soieux	source
raisonnement	reüssir	**SA**	satisfaisant	sellier	seul seuls	Soissons	sourciller
ressouvenir	richesse	S. Abliere	sauge	semaine	seurement	soixante	sour
respect	rigueur	sacerdotal	saumon	semblance	seureté	soixantieme	souscrit
respectueux	rigoureux	sacristie	Savoye	semestre	sexe	soldats	souscrire
respecter	riviere	sagesse	savoureux	seminaire	seizieme	soleil	souf diacre
respectueuse	Rochelle	sagittaire	saucisse	semonce	siecle	solidairement	ouf-maistre
respiration	Rogations	saillie	sautereau	senechal	sidre	soliveau	soupçonner
ressemblance	roy royal	sainement sain	scabreux	senechaussee	siege	solemnel	soustenir
ressentir	royauté	saint	scachant	sensualité	sien sieur	solemnité	soustenant
ressort	roideur	saisie	scandaleux	sentence	sieurie	sollicité	sousterrain
ressortissant	Romain	saisissant	scandaliser	sentinelle	siflet	sols tournois	soustraire
restaurateur	Robert	saisne	scavoir scavant	seoir sur un sie-	signalé	sommaire	soustraction
rester	Rome	saison	je scai il scait ge	signer	sommeiller	souvent
restituer	rongerie	salaire	sceptre	separation	signé	sommelerie	souvenance
restitution	rossignol	saleté	schisme	sept fois	signature	sommelier	souverain
restreindre	rotisseur	saliere	scolastique	sepiieme	signifié	sommation	souveraineté
retressir	roturier	saluer	scie scier	septante	signification	somptueux	spatieux
resveur	Roüen	salutaire	science	Septembre	simplesse	somptuosité	spatule
resurrection	rouer roué	salutation	scientifique	Septentrional	sincerité	songeant	special
retailler	rouet	samedy	scorpion	sepulchre	simulation	songer	specialement
retention	rongeur	sanctifier	sculpteur	sepulture	sindic	sorcelerie	specieux
retrancher	rongeole	sanctuaire	seance	sequestre	singulier	sortable	specifier
retribution	rouilleure	sang	secher	serenade	sinistre	sottise	specifiez
retrouver	roulier	sanguinaire	secheresse	sergent	situation	soubassement	spectacle
revancher	rousseau	sanglant	seconder	serenissime	six cens	soudain	speculation
revesche	rousselet	Samson	secourable	seringue	sixieme	soudoyer	sphere
reveiller	Roussillon		secours	serieux	sociable	soudure	spirituel

E

SP	SV	SV	TA	TE	TI	TO	TR
splendeur	successif	supputer	tablier	temporiser	timide	toûjours	translateur
splendide	succession	supputation	tacher	temps	timidité	Touloufain	transparent
splendidement	succint	surchargé	taillandier	tenaille	tirerez	touriere	transport
squelette	succintement	surfaire	taillable	tenans tenant	tiré tirer	tourelle	transporté
stable	succomber	Sur Intendant	tailles	tendre tend	tisserand	Touraine	travail
stabilité	succre	surpasser	tailleur	tendresse	tissure	tourbillon	travaillé
stade	suer sueur	surplus	tailler	tenduë	toise	tourmenté	travailler
station	suffire	surplis	taillis	tentation	toile toise	tournelle	traverser
statue	suffisant	surprise	talent	tentative	toiserez	tourneur	trebucher
sterile	suffisance	surprenent	tambour	tenterez	toison	Toussainct	trebuchet
stipuler	suffrage	surseance	Tamise	termes	tolerable	toussir	treille
stipulation	suffoquer	surseoir	tanches poisson	terminer	tolerance	tousser	treillis
Strasbourg	suggestion	survivance	tante tant	ternir	tolerer	tourteau	trembler
stratagéme	suif suit	survivre	tapissier	terrasser	tomber	tracasser	tremper
structure	Suisse	susceptible	tapisserie	terre	tombée	tracas	trenchant
studieux	suivirent	susciter	Tartarie	terrier	tombé	tracer	trente
stupidité	superbe	suspect	tascher	terroir	tomberez	tradition	trentiéme
stile stille	superbement	suspendre	tâtonner	territoire	tombeau	traducteur	trépaner
suaire	supercherie	suspension	taverne	témoin	tombereau	traduire	trepassé
sujet	superficie	sustenter	tavernier	témoignage	tondre	trafiquer	treteau
subjuguer	superfluité	syllabe	taureau	témoigner	tonnelier	tragedie	treziéme
subrogation	superieur	Symon	taxé taxer	testament	tonnerre	trahir	triangle
subside	superieure	symmetrie	teindre	testamentaire	tonsure	trahison	triangulaire
subsistance	superiorité	symphonie	teint teinture	theatre	tonsurer	traistre	tributaire
subsister	superstition	Synagogue	teinturier	théme	torche	traistresse	tricher
substantiel	supplément	syndiquer	teiller	Theologie	torchons	trainer	tricherie
substituer	suppléer	synode	teigneux	Theologique	tordre	traitté	tric-trac
substitut	supplication		tellement	theorie	torrent	tranquillité	tringle
subtilement	supplier	**TA**	temeraire	Tibere	tortuë	transaction	Trinité
subtiliser	supporter	T Abac	temperamment	tiedeur	torture	transcrire	triomphant
subvenir	supposer	tabatiere	temperance	tiers tierce	Toscane	transferer	triomphe
subvention	supposition	tabellion	tempeste	tiercement	totalité	transformé	triplement
succeder	suppression	tabellionage	temple	tigre	touchant	transgresser	Tripoly
succés	supprimé	tablette	temporel	timbre	toucher	transiger	tristesse

TR	VA	VA		VI	VI	VO	XA
Troies	Vacant	varieté	[illegible]	vierge	visage	voleurs	X Ximenes
troisieme	vacance	vassal	[illegible]	vieil	visible vision	voliere	Xerxes
troisiemement	vacation	vautour	verie	vieillesse	vitré	volontiers	YV yvrogne
tromperie	vacarme	vainqueur	verrerie	vieillard	vitriol	volontaire	yvrognerie
trompette	vagabond	veine	vertueux	Vienne	vivacité	voltiger	yvoire
trompeur	vague	velours	vestige	vigilante	vivement	volupté	yeux
trophé	vaillance	venaison	veu veüe	vigne	vivandier	voluptueux	ZA Zacharie
troupeau	vaillant	vendenger	viande	vigneron	ulcere	vomissement	Zacinte
trousseau	vaillamment	vendue	Viatique	vignoble	unanimement	voüe voüez	Zachée
tuërie	vaisselle	Vendredy	viager	vigoureux	unique	vouloir	Zambigar
tuiau tuile	vaisseau	venerable	vice Baillif	vilainie	union	vray	Zelande
tuilerie	Valence	veneration	Vicaire	village	universel	vraiement	zele
tumulte	Valentinois	venerie	vicieux	ville	Vniversité	usage usité	zelé
tunique	valeur	venger	vicieuse	vinaigre	voeux voeu	usufruit	zelée
turban	valeureux	vengeance	Vicomte	vindicatif	vogue voguer	usure	zephir
tarbot	valide	venimeux	Vicomté	vingt	voyage	usurpation	Zenon
Turc	valise	venise	victoire	vingtième	voyageur	usurpé	Zodiaque
Turcs	vanité	vent ventes	victorieux	violence	voyez	utilité	zone
Turquie	vapeur	ventouses	Vidame	violon	voile voiler	vuide	Zorobabel
turquoise	vaquer	ventre	vie vies	vipere	voirie	vuider	
tutelle	variable	veoir voir	Vivien	virginal	voisins	vuidange	
tuteur		veritable	Vincent	virginité	voisinage	vulgaire	
tuitte		verité		virgale	voiturier	vulgairement	

LETTRE D'UN ECOLIER pour écrire à son Pere.

MON TRES-CHER PERE,

J'ay receu jusqu'à present tant de marques de vôtre bonté, qu'il m'est impossible de vous témoigner la reconnoissance de l'obligation que je vous ay, du soin que vous avez de moy; je vous suple de me le continuer. Mon Regent m'a dit qu'il falloit que je fisse mon Acte; c'est ce qui me fait encore prendre la liberté de vous importuner, pour obtenir de vous quelque peu d'argent pour faire imprimer des Theses, vous assurant que je feray tout mon possible pour ne pas perdre mon temps, & pour vous donner tout le contentement imaginable: je prieray Dieu incessamment pour vôtre santé, & pour celle de ma mere, de laquelle je suis comme à vous,

Mon tres cher Pere,

Vôtre tres-humble, tres-obeissant fils & serviteur, D. L.

LA MANIERE D'ECRIRE à une Mere malade.

MADAME, ET TRES-HONOREE MERE,

J'ay tant de déplaisir de voir continuer vôtre maladie, qu'il ne m'est pas possible de l'exprimer, & je serois inconsolable, si l'on ne me faisoit esperer que vous serez bien tost dans une parfaite santé, laquelle je vous souhaite avec une grande passion, n'ayant rien de plus cher que la santé d'une bonne Mere, que je prie Dieu de me conserver toûjours,

Madame, ma tres-chere Mere,

Vôtre tres humble & tres-obeissante servante, & fille, D. L.

Lettre de priere à un Amy, pour une Commission.

VOus m'avez témoigné en tant d'occasions, Monsieur, que vous estiez de mes amis, que je peux maintenant me servir de vous en cette qualité, & vous prier familierement d'avoir la bonté de m'envoyer quatre aulnes de drap d'Holande noir, pour me faire un habit; je vous supplie de me le faire tenir par la premiere commodité, je ne manqueray de vous en faire rembourser le prix, si tost que faire se pourra: en revanche de quoy, si je vous puis rendre quelque service, commandez avec la même liberté à celuy qui est,

Monsieur,

Vôtre tres-humble serviteur.

Réponse à un reproche.

VOs reproches sont si obligeans Monsieur, que je n'ose quasi me repentir d'une faute, qui me fait recevoir une punition si agreable; & il faut avoüer que personne ne sçait mieux que vous combler de faveurs ceux que vous aimez: vous faites connoître la grandeur de vos affections par des coleres faintes, & cette galante rhetorique m'engageroit encore à plus de remercimens, si au lieu de simples reproches, vous m'aviez dit ces agreables injures, & j'ose vous répondre que je n'ay rien de plus cher que la qualité,

Monsieur,

De vôtre tres-humble serviteur.

Lettre obligeante.

MADEMOISELLE,

Si j'avois la liberté de vous voir, ma bouche feroit maintenant l'office de ma plume, pour m'informer de vous même de l'état de vôtre santé. Vous sçavez jusqu'à quel point vôtre merite me la rend chere, & avec quels sentimens je prends part à tous vos interests: je suis toûjours le même, & dans les occasions de vous le témoigner, vous confesserez que je ne porte pas inutilement la qualité;

Mademoiselle,

De vôtre tres-humble & obeissant serviteur D. L. P.

F

Réponse à la Lettre obligeante.

MONSIEUR,

Quand j'aurois autant d'eloquence que j'ay de raison de me défendre de vos loüanges, je ne l'entreprendrois pas; car je croirois vous donner lieu de les continuer; C'est pourquoy je vous prie de me rendre justice, & de mieux égaler les qualitez que vous me donnez, avec le peu de merite que je possede, si vous voulez que je me dise,

Monsieur,

Vôtre tres humble servante I. L.

On se plaint d'un silence.

MADAME,

J'estois prest à me fâcher de ne recevoir point de réponse à mes Lettres; mais j'ay appris par Monsieur Dumont, que vous deviez ar-

tiver bien tost icy; ce qui m'a un peu consolé, à la verité comme je fais profession de me ressouvenir de toutes les excellentes qualitez que vous possedez, aussi bien que si je les voyois encore; j'aurois bien oublié vôtre douceur & vôtre civilité, si je croyois que vous en puissiez avoir manqué pour moy en cette occasion; ce qui m'obligeroit à ne me dire plus, comme je suis,

Madame,

Vôtre tres-humble serviteur, L.

Lettre de recommandation.

JE vous écris, MONSIEUR, pour vous prier tres humblement en faveur du sieur .... que vous avez veu chez moy, lequel s'en va à .... pour se mettre chez quelque marchand Banquier; où il puisse apprendre la Banque & le Commerce, je vous prie instamment de le servir en tout ce que vous pourrez, & de luy procurer une place: je vous repons de sa fidelité, & de son affection pour le service de ceux qui l'employeront; ils en auront,

je vous asseure, une entiere satisfaction: j'espere cette grace de vous, puisque je suis, & que je fais profession de vouloir estre toute ma vie,

Monsieur,

Vôtre tres humble serviteur, D. L.

Lettre de Voiture.

JE vous prie, MONSIEUR, de recevoir six demies-queuës de Vin que je vous envoye par François Ioly, Voiturier demeurant à Orleans, lequel vous les doit rendre chez vous bien conditionnées, & luy payerez sa Voiture à raison de .... pour chacune des demies-queuës, vous priant de me faire donner avis de la reception d'icelles, c'est la priere de celuy qui est,

Monsieur,

Vôtre tres-humble serviteur,

MA tres-chere Sœur,

J'ay receu vôtre Lettre avec tant de joye, que dans mon mal elle m'a renvoyé une santé parfaitte: jugez donc par là, que je n'ay point de plus grande satisfaction que quand j'apprend de vos nouvelles, & que je voy que je suis toûjours dans vôtre souvenir, en recevant des marques de vôtre amitié, aussi je vous jure que si je ne puis assez reconnoistre cette bonté, comme je voudrois, je la loüe au moins, & l'estime comme elle merite. J'espere avoir bien-tost l'honneur de vous voir, & de vous témoigner de bouche que je suis,

Ma tres-chere Sœur,

Vôtre tres-humble & affectionnée servante D. L.

MADAME, ma tres-chere Cousine,

Vous devez estre persuadée plus que personne, quoyque je sois éloignée de vous, que je vous ay toû-

iours dans ma memoire; vous asseurant que vous m'avez donné tant
de marques de vôtre bonne amitié
que ie croirois estre la plus ingratte
du monde, si ie n'en avois la reconnoissance, & ne vous témoignois en
toutes les occasions, ou vous aurez
besoin de moy, que ma plus grande
ioye sera de vous pouvoir rendre service. I'attends donc ce bon heur
avec une grande impatience, en
vous asseurant que ie suis de tout
mon cœur,

Ma chere Cousine,

Vôtre tres-humble &
tres-obeïssante ser-
vante, D.

Lettre de Change à

Ce 1. May 1670. Pour la somme de
1500. livres.

MOnsieur, il vous plaira
payer à trois iours de veuë
par cette seule d'echange au sieur
de .... Marchand à ..... la
somme de mil cinq cens livres, ou ordre pour valeur receuë dit sieur.

Ce faisant, ie vous en tiendray
compte me rapportant la presente,
& suis,

Monsieur,

Vôtre tres-affectionné
serviteur, Tel

A MONSIEUR,

Monsieur tel, Marchand demeurant
ruë de   à

Promesse.

JE sous signé confesse devoir à
Monsieur tel, la somme de ...
qu'il m'a ce iourd'huy presté, à mon
besoin & necessité, laquelle somme
de ..... ie luy promets rendre & payer à sa volonté. Fait à
Paris ce .... iour de .... mil six
cens septante.

Quittance de loyer d'une Chambre.

JE sous signé confesse avoir receu de ... la somme de ....
pour un terme de loyer d'une Chambre qu'il tient de moy, écheu au
iour de .... dernier, dont ie le
quitte, sans preiudice du courant.
Fait ce ..... iour de ..... mil
six cens septante.

Quittance d'une rente.

JE sous signé .... Confesse
avoir receu de M .... la somme de ......pour une année d'ar-
rerages de la rente qu'il me doit
écheuë au iour de S. Martin d'hy-
ver dernier, dont je le quitte, sans
preiudice de l'année courante, &
autres deus, droits, actions, frais
& dépens. Fait ce ...... mil six
cens septante.

Autre Lettre de Voiture.

A .,... ce ...... Decembre 1670.

MOnsieur, à la garde de Dieu
& par la conduite de Noël
Couppeau, Roüillier de cette Ville,
il vous plaira recevoir trois Balles de Marchandise de ....
marqué du numero 50. à cotté, pe-
sant ensemble 2500. livres, laquelle ayant receuë bien & deuëment
conditionnée iusques dans vôtre
Maison sans estre moüillée ny ga-
stée, vous luy payerez pour sa voiture, à raison de 3. livres pour cent,
& du reçeu en donnerez avis à ...

Monsieur,

Vôtre affectionné
serviteur, tel.
A Monsieur tel
Marchand demeurant ruë de
A

Lettre d'Avis.

A ..., ce .... Decembre,

MOnsieur,

Celle-cy est pour vous donner avis
que j'ay ce iourd'huy fait charger
par Noël Couppeau voiturier par
terre de cette Ville, les trois balles
de marchandises qu'il vous a pleu
commettre par vôtre derniere, & si
en desirez plus grand nombre, vous
me ferez la grace de me le mander,
en attendant cet honneur, je suis &
seray comme j'ay toûjours esté,
Monsieur,
Vôtre affectionné serviteur.

TABLES POUR TROUVER LA VALEUR DE LA LIVRE DE POIDS, ET DU MARC, AVEC LA REDUCTION

de la Toise, & des mesures du muid de Bled, du muid de Sel & du muid de Vin, comme aussi les parties de l'Aulne. Avec la maniere de faire une Addition de livres, sols & deniers; & une Table pour la Multiplication.

L'A livre de poids se divise en .... 16 onces.
La demie livre contient un marc.
Le marc contient 8. onces.
L'once se divise en 8. gros.
Le gros se divise en 3. deniers.
Le denier en 24. grains.

La Toise se divise en 6. pieds.
Le Pied vaut 12. poulces.
Le Poulce contient 12. lignes.
La Ligne contient 6. points.
Le Pas commun contient 2. pieds & demy.
Le pas Geometrique en 5. pieds de longueur.

Le muid de Bled côtient 12 septiers.
Le Septier se divise en 2. mines, ou 12. boisseaux.
La Mine en 2. minots, ou 6. boisseaux.
Le minot se divise en 3. boisseaux.
Le Boisseau en 4. quarts, ou, seize litrons.
Le Litron en 36. poulces.

Le muid de Sel se divise en 12. septiers.
Le Septier en 4. minots, & le minot en 4. boisseaux.
Le Boisseau en 4. quarts.

---

ou 16. litrons.
Le muid de Vin côtient 36. septiers.
La Demi-Queüe d'Orleans 27 septiers.
La Demi-Queüe de Champagne, 24. septiers.
Et la Pipe contient un muid & demi, ou 54 septiers.

Plus un muid contient 280. pintes.
Vn demi muid 140. pintes.
Vn quard de muid 70. pintes.
Vn demi quart 35. pintes.
La Demi-Queüe d'Orleans 180. pintes.
Le Quartau 90. pintes.
Le Demi Quartau 45. pintes.
La Demi-Queüe de Champagne, 160. pintes.
Le Quartau 80. pintes.
Et le Demi-Quartau 40. pintes.

L'aulne se divise en deux demies aunes, en un quart, en un 8e, en un 16e, un 32e.

Plus en $\frac{1}{6}$ $\frac{1}{6}$ $\frac{1}{12}$ $\frac{1}{48}$

Le moyen de faire une Addition de livres, de sols, & de deniers en une somme totale.

Il faut remarquer que la livre tient 20. sols, & le sol 12. deniers, ou 6. doubles.

EXEMPLE.

Addition de livres, sols & den.

```
 4648. 12. s. 6. den.
 9548. 14. s. 8. den.
 7656. 12. s. 6. den.
  796. 07. s. 8. den.
 ─────────────────────
22650. 07. s. 4. den.
```

Preuve ───

Pour faire cette regle il faut commencer à côpter par le rang des deniers, & autant de fois 12. que vous trouverez, il faut retenir autant de fois un sol, qu'il faut joindre aux sols suivans, & le surplus de 12. de 24. ou de 36. den. sera mis au dessous de ces mesmes deniers. Et en aprés continuer à compter tous les sols ensemble, & tout autant de fois qu'il y aura 20. sols, on retiendra autant de fois une livre, que l'on joindra aux livres qui suivent, & le surplus de 20. sols, sera mis au dessous du mesme rang des sols.

Et puis aprés en faisant addition des livres de la premiere colomne suivante, avec les livres qui sont provenuës des sols, l'on écrira le surplus de 10. de 20. 30. ou 40. sous le même rang: & l'on retiendra autant de dixaines qu'il se trouvera de fois 10. que l'on joindra à la colomne suivante, & vous ferez ainsi à toutes les autres colomnes.

La Preuve se fait à décompter à rebours, en ôtãt les dixaines qu'on a portées sur les colomnes, en les comptãt avec le surplus qui a été mis au dessous, & qu'il ne reste rien à la fin.

TABLE pour apprendre à bien compter.

3 fois 3 font 9.		5 fois 8	40
3 fois 4	12	5 fois 9	45
3 fois 5	15	5 fois 10	50
3 fois 6	18		
3 fois 7	21	6 fois 6 font	36
3 fois 8	24	6 fois 7	42
3 fois 9	27	6 fois 8	48
3 fois 10	30	6 fois 9	54
		6 fois 10	60
4 fois 4 font 16			
4 fois 5	20	7 fois 7 font	49
4 fois 6	24	7 fois 8	72
4 fois 7	18	7 fois 9	63
4 fois 8	32	7 fois 10	70
4 fois 9	36		
4 fois 10	40	8 fois 8	64
		8 fois 9	72
		8 fois 10	80
5 fois 5 font 25		9 fois 9	81
5 fois 6	30	9 fois 10	90
5 fois 7	35	10 fois 10	100

TABLE

TABLE, POUR APPRENDRE A METTRE TEL NOMBRE QUE L'ON VOUDRA, TANT EN CHIFRE DE MARCHAND

qu'en celuy de Finance, ou par écrit. L'on pourra aussi voir en mesme temps la valeur d'un nombre d'écus d'or en livres, jusqu'à cent.

			Ecus d'or valent
1	j	Vn Ecu d'or vaut	5 liv. 14 sols
2	ij	deux écus d'or valent	11 l. 8 f.
3	iij	trois écus d'or valent	17 l. 2 f.
4	ii j	quatre écus d'or	22 l. 16 f.
5	v	cinq écus d'or	28 l. 10 f.
6	vj	six écus d'or	34 l. 4 f.
7	vij	sept écus d'or	39 l. 18 f.
8	viij	huit écus d'or	45 l. 12 f.
9	ix	neuf écus d'or	51 l. 6 f.
10	x	dix écus d'or	57 l.
11	xj	onze écus d'or	61 l. 14 f.
12	xij	douze écus d'or	68 l. 8 f.
13	xiij	treize écus d'or	74 l. 2 f.
14	xiv	quatorze écus d'or	79 l. 16 f.
15	xv	quinze écus d'or	85 l. 10 f.
16	xvj	seize écus d'or	91 l. 4 f.
17	xvij	dix-sept écus d'or	96 l. 18 f.
18	xviij	dix-huit écus d'or	102 l. 12 f.
19	xix	dix-neuf écus d'or	108 l. 6 f.
20	xx	vingt écus d'or	114 l.
21	xxj	vingt-un	119 l. 14 f.
22	xxij	vingt-deux	125 l. 8 f.
23	xxiij	vingt-trois	131 l. 2 f.
24	xxiv	vingt-quatre	136 l. 16 f.
25	xxv	vingt-cinq	142 l. 10 f.
26	xxvj	vingt-six	148 l. 4 f.
27	xxvij	vingt-sept	153 l. 18 f.
28	xxviij	vingt-huit	159 l. 12 f.
29	xxix	vingt-neuf	165 l. 6 f.
30	xxx	trente écus d'or	171 l.
31	xxxj	trente-un	176 l. 14 f.
32	xxxij	trente-deux	182 l. 8 f.
33	xxxiij	trente-trois	188 l. 2 f.
34	xxxiiij	trente-quatre	193 l. 16 f.
35	xxxv	trente-cinq écus d'or	199 l. 14 sols
36	xxxvj	trente-six	205 l. 4 f.
37	xxxvij	trente-sept	210 l. 18 f.
38	xxxviij	trente-huit	216 l. 12 f.
39	xxxix	trente-neuf	222 l. 6 f.
40	xl	quarante	228 l.
41	xlj	quarante-un	233 l. 14 f.
42	xlij	quarante-deux	239 l. 8 f.
43	xliij	quarante-trois	245 l. 2 f.
44	xliiij	quarante-quatre	250 l. 16 f.
45	xlv	quarante-cinq	256 l. 10 f.
46	xlvj	quarante-six	261 l. 4 f.
47	xlvij	quarante-sept	267 l. 18 f.
48	xlviij	quarante-huit	273 l. 12 f.
49	xlix	quarante-neuf	279 l. 6 f.
50	l	cinquante	285 l.
51	lj	cinquante-un	290 l. 14 f.
52	lij	cinquante deux	296 l. 8 f.
53	liij	cinquante-trois	301 l. 2 f.
54	liiij	cinquante-quatre	307 l. 16 f.
55	lv	cinquante-cinq	313 l. 10 f.
56	lvj	cinquante-six	319 l. 4 f.
57	lvij	cinquante-sept	324 l. 8 f.
58	lviij	cinquante-huit	330 l. 12 f.
59	lix	cinquante-neuf	336 l. 6 f.
60	lx	soixante	341 l.
61	lxj	soixante-un	347 l. 14 f.
62	lxij	soixante-deux	353 l. 8 f.
63	lxiij	soixante-trois	359 l. 2 f.
64	lxiiij	soixante-quatre	364 l. 16 f.
65	lxv	soixante-cinq	370 l. 10 f.
66	lxvj	soixante-six	376 l. 4 f.
67	lxvij	soixante-sept	381 l. 18 f.
68	lxviij	soixante-huit	387 l. 12 f.
69	lxix	soixante-neuf écus d'or	393 liv. 6 sols
70	lxx	soixante dix	399 l.
71	lxxj	soixante & onze	404 l. 14 f.
72	lxxij	soixante & douze	410 l. 8 f.
73	lxxiij	soixante & treize	416 l. 2 f.
74	lxxiiij	soixante & quatorze	421 l. 16 f.
75	lxxv	soixante & quinze	427 l. 10 f.
76	lxxvj	soixante & seize	433 l. 4 f.
77	lxxvij	soixante dix-sept	438 l. 18 f.
78	lxxviij	soixante dix huit	444 l. 12 f.
79	lxxix	soixante dix-neuf	450 l. 6 f.
80	iiiixx	quatre-vingts	456 l.
81	iiiixxj	quatre vingt un	461 l. 14 f.
82	iiiixxij	quatre vingt deux	467 l. 8 f.
83	iiiixxiij	quatre vingt trois	473 l. 2 f.
84	iiiixxiiij	quatre vingt quatre	478 l. 16 f.
85	iiiixxv	quatre vingt cinq	484 l. 10 f.
86	iiiixxvj	quatre vingt six	490 l. 4 f.
87	iiiixxvij	quatre vingt sept	495 l. 18 f.
88	iiiixxviij	quatre vingt huit	501 l. 12 f.
89	iiiixxix	quatre vingt neuf	507 l. 6 f.
90	iiiixxx	quatre vingt dix	513 l.
91	iiiixxxj	quatre vingt onze	518 l. 14 f.
92	iiiixxxij	quatre vingt douze	524 l. 8 f.
93	iiiixxxiij	quatre vingt treize	530 l. 2 f.
94	iiiixxxiv	quatre vingt quatorze	535 l. 16 f.
95	iiiixxxv	quatre vingt quinze	541 l. 10 f.
96	iiiixxxvj	quatre vingt seize	547 l. 4 f.
97	iiiixxxvij	quatre vingt dix-sept	552 l. 18 f.
98	iiiixxxviij	quatre vingt dix-huit	558 l. 12 f.
99	iiiixxxix	quatre vingts dix neuf	564 l. 6 f.
100	c	cent écus d'or valent	570 l.
500	vc	cinq cens écus d'or	2850 l.
1000	m	mil écus d'or valent	5700 l.

Pour reduire les Louïs d'or en livres, il faut poser deux fois le nombre en reculant d'un chifre, & faire une addition. EXEMPLE, J'ay 7½ Louïs d'or — 7½ — valé. 82½. 8 Louïs d'or — 8 — 88 livres.

Et pour les Ecus blancs multipliez par trois livres, ou posez 3 fois le nombre sans reculer, & faites addition, EXEMPLE. 56 écus blancs — 3 — c'est 168 livres. 56 écus blancs — 56 — 168 livres.

TABLE DE LA CONJUGAISON DES VERBES ACTIFS FRANCOIS REGULIERS.

1. *Conjugaison en er*, aimer.	2. *Conjugaison en ir*, finir.	3. *Conjugaison en oir*, concevoir.	4. *Conjugaison en re*, rendre.
Indicatif.	**Indicatif.**	**Indicatif.**	**Indicatif.**
Temps present.	**Temps present.**	**Temps present.**	**Temps present.**
S. *J'ayme, tu aimes, il aime.*	S. *Ie finis, tu finis, il finit.*	S. *Ie conçois, tu conçois, il conçoit.*	S. *Ie rends, tu rends, il rend.*
P. *Nous aimons, vous aimez, ils aiment.*	P. *Nous finissons, vous finissez, ils finissent.*	P. *Nous concevions, vous concevez, ils conçoivent.*	P. *Nous rendons, vous rendez, ils rendent.*
Passé imparfait.	**Passé imparfait.**	**Passé imparfait.**	**Passé imparfait.**
S. *J'aimois, tu aimois il aimoit.*	S. *Ie finissois, tu finissois, il finissoit.*	S *Ie concevois, tu côcevois, il concevoit.*	S. *Ie rendois, tu rendois, il rendoit.*
P. *Nous aimions, vous aimiez, ils aimoient.*	P. *Nous finissions, vous finissiez, ils finissoient.*	P. *Nous concevions, vous conceviez, ils concevoient.*	P. *Nous rendions, vous rendiez, ils rendoient.*
1. **Passé parfait indefini.**	1. **Passé parfait indefini.**	1. **Passé parfait indefini.**	1. **Passé parfait indefini.**
S. *J'ay aimé, tu as aimé, il a aimé.*	S. *J'ay, tu as, il a, fini.*	S. *J'ay, tu as, il a ..... conceu.*	S. *J'ay, tu as, il a .... rendu.*
P. *Nous avons aimé, vous avez aimé, ils ont aimé.*	P. *Nous avons, vous avez, ils ont fini.*	P. *Nous avons, vous avez, ils ont conceu.*	P. *Nous avons, vous avez, ils ont rendu.*
Singulier 1 **p. p. Defini simple.**	2. **p. p. Defini simple.**	2. **Passé p. p. Defini simple.**	2. **p. p. Defini simple.**
Singulier *J'aimay, tu aimas, il aima.*	S. *Ie finis, tu finis, il finit.*	S. *Ie conceus, tu conceus, il conceut.*	S. *Ie rendis, tu rendis, il rendit.*
Plurier *Nous aimâmes, vous aimâtes, ils aimerent.*	P. *Nous finismes, vous finites, ils finirent.*	P. *Nous côceufmes, vous conceûtes, ils conceurent.*	P. *Nous rendifmes, vous rendiftes, ils rendirent.*
3. **p. p. Defini composé.**	3. **p. p. Defini composé.**	3. **p. p. Defini composé.**	3. **p. p. Defini composé.**
S. *Ieus, tu eus, il eut, aimé.*	S. *Ieus, tu eus, il eut fini.*	S. *Ieus, tu eus, il eut .... conceu.*	S. *Ieus, tu eus, il eut ...., rendu.*
P. *Nous eufmes, vous euftes, ils eurent aimé.*	P. *Nous eufmes, vous euftes, ils eurent fini.*	P. *Nous eûmes, vous euftes, ils eurent conceu.*	P. *Nous eufmes, vous euftes, ils eurent rendu.*
Passé plus que parfait.	**Passé plus que parfait.**	**Passé plus que parfait.**	**Passé plus que parfait.**
S. *J'avois, tu avois, il avoit aimé.*	S. *J'avois, tu avois, il avoit fini.*	S. *J'avois, tu avois, il avoit ... conceu.*	S. *J'avois, tu avois, il avoit rendu.*
P. *Nous avions, vous aviez, ils avoient aimé.*	P. *Nous avions, vous aviez, ils avoient fini.*	P. *Nous avions, vous aviez, ils avoient conceu.*	P. *Nous avions, vous aviez, ils avoient rendu.*
Futur.	**Futur.**	**Futur.**	**Futur.**
S. *J'aimeray, tu aimeras, il aimera.*	S. *Ie finiray, tu finiras, il finira.*	S. *Ie concevray, tu côcevras, il côcevra.*	S. *Ie rendray, tu rendras, il rendra.*
P. *Nous aimerons, vous aimerez, ils aimeront.*	P. *Nous finirons, vous finirez, ils finiront.*	P. *Nous concevrons, vous concevrez, ils concevront.*	P. *Nous rendrons, vous rendrez, ils rendront.*

Subjonctif de la premiere.

Temps present.
S. *J'aime, tu aimes, il aime.*
P. *Nous aimons, vous aimez, ils aiment.*

1. Passé imparfait.
S. *J'aimasse, tu aimasses, il aimast.*
P. *Nous aimassions, vous aimassiez, ils aimassent.*

2. Passé imparfait.
S. *J'aimerois, tu aimerois, il aimeroit.*
P. *Nous aimerions, vous aimeriez, ils aimeroient.*

Passé parfait.
S. *J'aye, tu ayes, il ait aimé.*
P. *Nous ayons, vous ayez, ils ayent aimé.*

1. Passé plus que parfait.
S. *J'eusse, tu eusses, il eust aimé.*
P. *Nous eussions, vous eussiez, ils eussent aimé,*

2. Passé plus que parfait.
S. *J'aurois, tu aurois, il auroit aimé.*
P. *Nous aurions, vous auriez, ils auroient aimé.*

Futur.
S. *J'auray, tu auras, il aura aimé.*
P. *Nous aurons, vous aurez, ils auront aimé.*

Imperatif.
S. *Aime, qu'il aime.*
P. *Aimons, aimez, qu'ils aiment.*

Subjonctif de la seconde.

Temps present.
S. *Je finisse, tu finisses, il finisse.*
P. *Nous finissions, vous finissiez, ils finissent.*

1. Passé imparfait.
S. *Je finisse, tu finisse, il finist.*
P. *Nous finissions, vous finissiez, ils finissent.*

2. Passé imparfait.
S. *Je finirois, tu finirois, il finiroit.*
P. *Nous finirions, vous finiriez, ils finiroient.*

Passé parfait.
S. *J'aye, tu ayes, il ait fini.*
P. *Nous ayons, vous ayez, ils ayent fini.*

1. Passé plus que parfait.
S. *J'eusse, tu eusses, il eust fini.*
P. *Nous eussions, vous eussiez, ils eussent fini.*

2. Passé plus que parfait.
S. *J'aurois, tu aurois, il auroit fini.*
P. *Nous aurions, vous auriez, ils auroient fini.*

Futur.
S. *J'auray, tu auras, il aura fini.*
P. *Nous aurons, vous aurez, ils auront fini.*

Imparfait.
Sing. *Finis, qu'il finisse.*
P. *Finissons, finissez, qu'il finissent.*

Subjonctif de la troisiéme.

Temps present.
S. *Je conçoive, tu conçoive, il conçoive.*
P. *Nous concevions, vous conceviez, ils conçoivent.*

1. Passé imparfait.
S. *Je conceusse, tu conceusses, il conceust.*
P. *Nous conceussions, vous conceussiez, ils conceussent.*

2. Passé imparfait.
S. *Je concevois, tu concevois, il concevoit.*
P. *Nous concevions, vous conceviez, ils concevroient.*

Passé parfait.
S. *J'aye, tu ayes, il ait ... conceu.*
P. *Nous ayons, vous ayez, ils ayent conceu.*

1. Passé plus que parfait.
S. *J'eusse, tu eusses, il eut conceu.*
P. *Nous eussions, vous eussiez, ils eussent conceu.*

2. Passé plus que parfait.
S. *J'aurois, tu aurois, il auroit conceu.*
P. *Nous aurions, vous auriez, ils auroient conceu.*

Futur.
S. *J'auray, tu auras, il aura conceu.*
P. *Nous aurons, vous aurez, ils auront ...... conceu.*

Imperatif.
S. *Conçois, qu'il conçoive.*
P. *Concevons, cocevez, qu'ils coçoivent.*

Subjonctif de la quatriéme.

Temps present.
S. *Je rende, tu rendes, il rende.*
P. *Nous rendions, vous rendiez, ils rendent.*

1. Passé imparfait.
S. *Je rendisse, tu rendisses, il rendist.*
P. *Nous rendissions, vous rendissiez, ils rendissent.*

2. Passé imparfait.
S. *Je rendois, tu rendois il rendoit.*
P. *Nous rendions, vous rendiez, ils rendroient.*

Passé parfait.
S. *J'aye, tu ayes, il ait rendu.*
P. *Nous ayons, vous ayez, ils ayent rendu.*

1. Passé plus que parfait.
S. *J'eusse, tu eusses, il eust rendu.*
P. *Nous eussions, vous eussiez, ils eussent rendu.*

2. Passé plus que parfait.
S. *J'aurois, tu aurois, il auroit rendu.*
P. *Nous aurions, vous auriez, ils auroient rendu.*

Futur.
S. *J'auray, tu auras, il aura rendu.*
P. *Nous aurons, vous aurez, ils auront ...... rendu.*

Imperatif.
S. *Rends, qu'il rende.*
P. *Rendons, rendez, qu'ils rendent.*

Infinitif.	Infinitif.	Infinitif.	Infinitif.
Present *Aymer.*	Present *Finir.*	Present *Concevoir.*	Present *Rendre.*
Passé *Avoir aimé.*	Passé *Avoir fini.*	Passé *Avoir conceu.*	Passé *Avoir rendu.*
Participe.	**Participe.**	**Participe.**	**Participe.**
Present *Aimant.*	Present *Finissant.*	Present *Concevant.*	Present *Rendant.*
Passé *Ayant aimé.*	Passé *Ayant fini.*	Passé *Ayant conceu.*	Passé *Ayant rendu.*
Commun *Aimé.*	Commun *Fini.*	Commun *Conceu.*	Commun *Rendu.*

Regles plus necessaires pour l'Ortographe des verbes.

CEs regles ne sont necessaires que pour ceux qui ne voudront pas se donner la peine d'examiner de quelle maniere chaque temps & chaque personne est écrit dans la Table que j'ay donnée.

Les secondes personnes du plurier veulent avoir à la fin, ez ou és, avec accent exemp. vous aimez, vous aimeriez, vous auriez aimé, &c. Celle du passé definy s'écrit par, es, sans accent : vous aimastes.

Les troisiémes personnes du plurier ont toûjours ent à la fin, ils aiment ; ils aimerent. Celle du futur est exceptée ; ils aimeront.

Tous les temps terminés en se, doivent s'écrire par sse, non par ce : j'aimasse, je finisse, j'eusse aimé, &c.

L'imparfait de l'indicatif & du subjonctif est terminé en ois, j'aimois, j'aimerois, & l'on garde cét oi, dans les trois personnes du singulier, & dans la troisiéme du plurier ; mais il ne se prononce que comme, ai, j'aimais, j'aymois.

Les futurs de tous les verbes & le passé defini de la premiere conjugaison veulent ay, à la fin : j'aimeray, je finiray, je concevray ; j'aimay, je dançay, je chantay.

Il y a trois personnes dans les verbes. La premiere est celle qui parle j'aime, nous aimons ; La seconde, est celle à qui on parle : tu aimes, vous aimez ; La troisiéme est celle de qui on parle : il aime, ils aiment.

On appelle Singulier, lors qu'il n'y a qu'une personne qui agisse : j'aime ; tu aimes, &c. plurier, lors qu'il y en a plusieurs : nous aimons, ils aiment.

Il faut apprendre toutes ces petites regles par cœur, aussi bien que la Table de la Conjugaison, avec la difference des temps & des modes.

J'ay esté obligé de transposer l'Imperatif pour éviter la confusion. Et comme tous les temps de l'Optatif se trouvent dans le Subjonctif, je n'ay pas trouvé à propos d'en faire un mode particulier. De plus, j'ay adjousté un troisiéme, passé, parfait, dont l'usage me semble fort commun, quoy que les autres Grammairiens s'en parlent point, l'on s'en sert dans les occasions : il se retira aussi-tost qu'il eut fait le coup.

EXTRAIT DU PRIVILEGE DU ROY.

PAr Grace & Privilege du Roy, donné à sainct Germain en Laye le dixiéme jour de Decembre mil six cens soixante & seize : Signé par le Roy en son Conseil, JEANNIN, & scellé du grand Sceau de cire jaune : Il est permis à NICOLAS DUVAL Secretaire ordinaire de la Chambre de sa Majesté, & Maistre Escrivain Juré à Paris, Expert pour les verifications d'Escritures ; de faire graver & imprimer, vendre & debiter tout ainsi & par qui bon luy semblera ; Tous les Originaux & Exemplaires écrits de la main, tant en Escriture de Finance, qu'Italienne, Bâtarde, & autres en usage, avec les Traitez qu'il a faits de l'Art d'Escriture, de l'Ortographe, de bien preparer le Papier, & faire l'Encre de toutes sortes de couleurs, & tels autres Originaux ; Traitez & Metodes que bon luy semblera, pendant le temps & espace de dix années, à commencer du jour & expiration du temps porté par les Lettres de Privilege du 10. Janvier 1670. qui n'expirera qu'à pareil jour de l'année 1677. Avec tres-expresses inhibitions & deffenses à tous Escrivains, Libraires, Graveurs ou autres tels qu'ils soient, de les contrefaire, contretirer, graver au Burin ou faire imprimer en aucune maniere que ce soit, ny exposer en vente en pieces separées, ou autre maniere que ce puisse estre, sous pretexte d'augmentation, diminution, reformation, correction, changement de titre ou autre déguisement, sur peine de confiscation de tout ce qui s'en pourra trouver au contraire desdites deffenses, à peine de quinze cens livres d'amende applicable, un tiers au Roy, un tiers à l'Hostel-Dieu de Paris, & l'autre tiers audit DUVAL, & de tous dépens, dommages & interests, ainsi qu'il est porté plus au long audit Privilege.

Registré sur le Livre de la Communauté des Imprimeurs & Libraires, ce 2. jour de Janvier 1677. Signé THIERRY, Syndic.

A PARIS, de l'Imprimerie de ROBERT CHEVILLION, ruë S. Jacques, à la Colombe Royale.

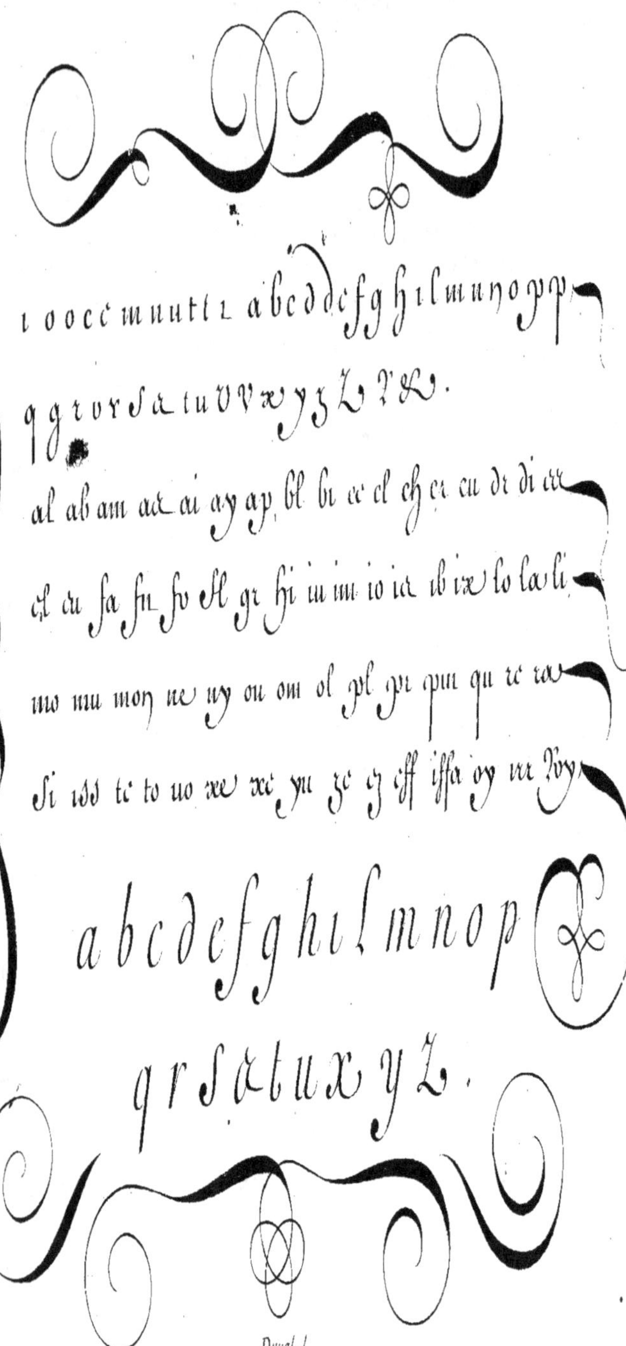

Duval. 1

Au Roy
Sire
André de Journommour S. Duc
Jouvaudievar & ... Nouveaumoumana Commis.re
ordinaire des Vivres & Munitions en l'armée de Vre
Majté, Vous Remonstre tres humblemant que pendant

Beniamin de Vauuonnouc Escuier
de Monnouuaure Commis a la charge de
Tresoriu general de la Marine Nous Vo. mandons
& commandons de payer comptant la somme de
Quinze

Commis au recouurement des Tailles
Mr. Louis de Nouueaumonmouuanc Sr. de Vaudouille
& Counouuoia, Vous payarz a Mce. Bonnouuoiau A la
Cour la somme de Soixante & six Mil liures Counoia
Duual

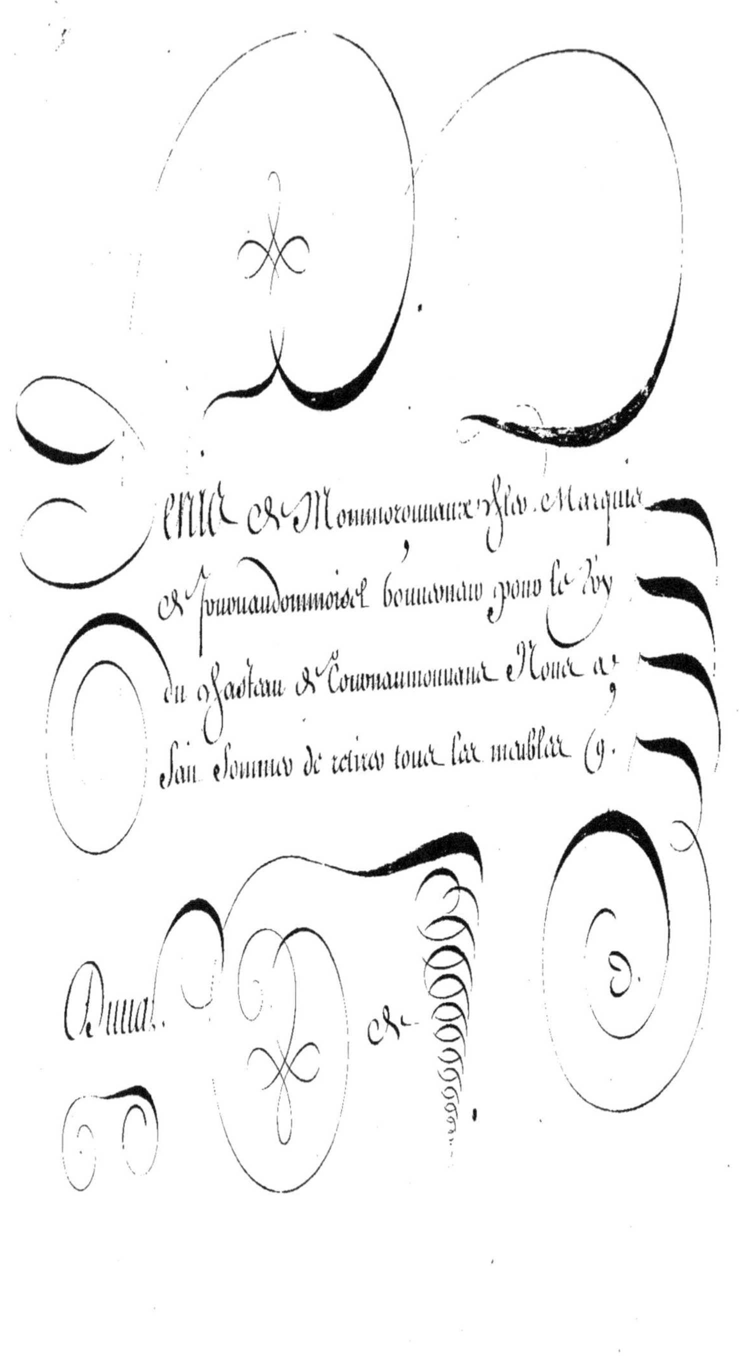

les S. de Vaudoumeuaux bourgeois de la
Ville de Roumorentin la somme de quinze Mil
sept cent cinquante livres que Nous luy auons
accordée pour son remboursement de pareille somme
Duual

François de Monnouueaux
Sr de Communiniaux & de Longoumaine Conseiller
du Roy en ses Conseils d'Estat & privé M. des Req.
ordinaire de son Hostel et Commissaire depute par sa Maté
Duval

Girard de Mommoronuaux.
De Louncaumanounvieu & de Jummeouonandounoisibun
principal creancier de feu Meddire Bonmananuor de la
fononandouniabr Eseuyer S.r de Gt Lazare & Juiriban
Duval

Honorable Homme M.

Louis de Bonnevanmouuam S. M

Dommovuandoumoia ᵉᵗ M gre.

Joseph de Chaumontoia l'escuyer

Inventaire sommaire des pieces

g. ... et baillé pardevant nous

... seigneurie de la Cour de

pardevant ... M.e Laurent

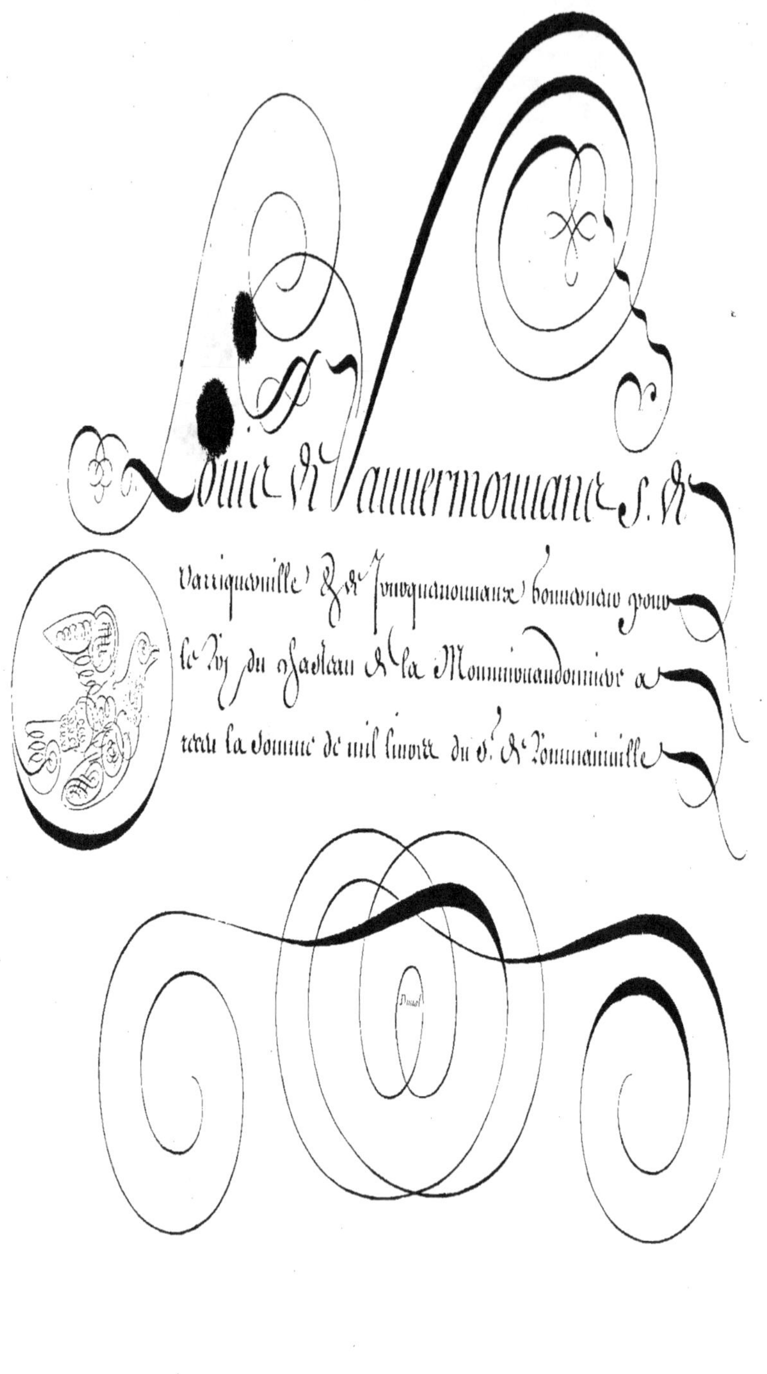
Louuc de Vauuermouuanc s. de
Varriquouille & de Jouuquanouuaux bonnouaiu pour
le Roy du Chasteau de la Mouuuivuandomuieur a
reteu la Somme de mil liuree du s. de Pouuuamuille

Maurice Veruier,

L. Commandant Les

Vaugommainicurx Capitaine

d'une Compagnie d'Infanterie au

Duuay.

onnons Nous S. Francoeur
commune Reçu de Maix la doc dix Mil sept aux dix sept
deux liures Vingt sols dix Deniers pour Don uarbourdan De pour elle
a payer pour employé aux Reparacons De fortificacons &c
Dimet